懂懂鸭 著/绘

童趣出版有限公司编　人民邮电出版社出版
北　京

图书在版编目（CIP）数据

中国大运河：黄金河边的遗产 / 懂懂鸭著、绘；童趣出版有限公司编. -- 北京：人民邮电出版社，2023.8
 ISBN 978-7-115-61796-5

Ⅰ．①中… Ⅱ．①懂… ②童… Ⅲ．①大运河－文化遗产－中国－少儿读物 Ⅳ．①K928.42-49

中国国家版本馆CIP数据核字(2023)第088394号

---

责任编辑：史苗苗
责任印制：李晓敏
封面设计：韩木华
排版制作：北京天琪创捷文化发展有限公司

著 / 绘：懂懂鸭
编　　　：童趣出版有限公司
出　　版：人民邮电出版社
地　　址：北京市丰台区成寿寺路11号邮电出版大厦（100164）
网　　址：www.childrenfun.com.cn

读者热线：010-81054177
经销电话：010-81054120

印　　刷：雅迪云印（天津）科技有限公司
开　　本：710×1000　1/8
印　　张：8
字　　数：120千字
版　　次：2023年8月第1版　2023年8月第1次印刷
书　　号：ISBN 978-7-115-61796-5
定　　价：79.00元

版权所有，侵权必究。如发现质量问题，请直接联系读者服务部：010-81054177。

# 目录

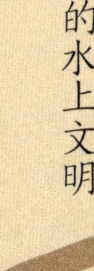
流淌千年的水上文明

2 通过漕运看运河

又是一年交漕粮!
4

6 一路北行不容易

有趣的运粮接力赛
8

10 巨大的「粮食堡垒」——回洛仓

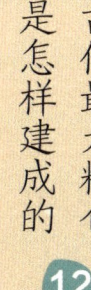
古代最大粮仓是怎样建成的
12

14 兵家必争的粮仓

扶危济困靠义仓
16

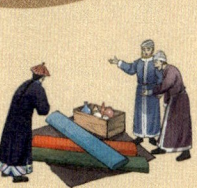
18 各具魅力的大码头

20 千古运河第一渡

22 人文气息浓厚的西津渡

热闹的「物流中心」
——西兴码头

24

26 大运河上最赚钱的行业

28 因河而盛的商人

30 精致奢华的商人之家

32 财随运河来

34 沿着运河看热闹

40 大运河上的特产

52 「运」来天下味

# 流淌千年的水上文明

在蒸汽机发明之前，古代陆路交通多靠人力、畜力，所以有"百里不贩樵，千里不贩籴（dí）"的说法，意思是没有从百里以外贩运木柴的，没有从千里以外贩运粮食的，因为陆运成本太高了。比较而言，水运运量大、成本低，而且比陆运舒适。为充分利用水运，人们想办法延长水路，通过开挖人工河道把自然河流连接起来，这就是运河的诞生。

运河是古代的"水上高速路"。隋朝以前，运河普遍规模小、里程短，如荆汉运河、巢肥运河、淄济运河等；隋朝以后，运河规模扩大，出现了沟通五大水系、跨越南北的运河。隋唐大运河是第一条全国性运河，形状像"<"，它以洛阳为中心，北至涿郡（今北京），南至余杭（今杭州）。元明清运河又叫京杭运河，是一条名气最响、影响最大的全国性运河。京杭运河北起北京，南至杭州，形状像"|"，因为元、明、清三朝都建都北京，不需要绕道至河南洛阳，可直接从山东北上。近些年来流行的"中国大运河"的称谓，是伴随着运河申遗出现的名词，是隋唐大运河、京杭运河、浙东运河的总称。本书中采用的"大运河"就是这一概念。

运河又被称为漕河、漕渠，"漕"的本义是水路运粮，民间称运粮河，可见物资运输是运河最核心的功能，是开挖运河的根本目的。俗语"漂来的北京城"就形象地说明了建造北京城的物资是通过运河从外地运来的。利用运河运输物资的活动叫"漕运"，漕运物品除粮食外，还有食盐、果品、棉花等，也可搭载客商、士兵、官员等。漕运事关国家经济命脉，为保证漕粮顺利运抵京城，沿途设立了许多管理机构，驻扎了大批人员，负责征收漕粮、修造漕船、征派纤夫、建造漕仓等。

中国大运河的延续时间长、空间跨度大、历史文脉深，它不仅是物资运输的动脉，也是文化交流的廊道，在国家统一、政权稳定、经济繁荣、文化交流等方面发挥了重要作用。在当前大运河文化带建设的新时代，为让少年儿童更好地了解运河历史、感受运河文化，树立人与自然和谐共生的理念，直观、形象的绘本无疑是首选。但运河问题复杂，用绘画展示绝非易事，既要考虑故事发生的时代、环境、季节，还要考虑人物的职业、服饰、身份地位等。本书编绘者力争在科学性、真实性的基础上，兼顾艺术性、可读性和趣味性，为广大少年儿童奉上了一场既营养又美味的文化盛宴。

**李德楠**
复旦大学历史地理学博士
淮阴师范学院教授
中国商业史学会副会长兼大运河专委会副主任

# 通过漕运看运河

浩浩荡荡的大运河，通过一项特殊的经济措施，支撑起了一个又一个封建王朝，这就是始于秦汉时期，清朝光绪末年方才停止的漕运。

漕运的主要货物，是从全国重要产粮区征集的粮食，即"漕粮"。这些粮食不仅能供朝廷使用，还能应对战争和灾荒的不时之需。所以，自秦汉以来的历代皇帝都十分重视漕运，视之为"国家命脉"。

**漕船**

但凡和漕运沾边的，几乎都带个"漕"字，比如这些运输漕粮的船只，就叫作"漕船"。

**银子也行**

若粮户因受灾等特殊情况无法缴纳漕粮,就得用等价的货币来代替。

**还得多交**

粮户除了缴纳足额的粮食外,还要缴纳一定的"耗米",弥补漕运过程中的粮食损耗。

# 又是一年交漕粮!

每年的粮食晒干后,就该征收漕粮了。在清朝,朝廷最为重视的8个产粮大省,分别是山东、河南、江苏、安徽、江西、浙江、湖北和湖南。每省以县为单位,先由粮户自行抬着大米、糯米、小麦和豆类等粮食到指定地点,再由官府统一雇用肩夫将粮食送至粮仓,等待船队前来接运。由于漕粮十分重要,每一份都会被官府记录在册并出具凭据,所以想要逃避缴纳漕粮几乎不可能。

## 监督漕运很严格

在征收漕粮时,淮安总督漕运公署的200多名文武官员十分忙碌,其中文官负责粮食征收,武官则负责运输粮食、疏通河道和修建堤坝。大家相互配合,甚至亲自去现场监督,以保证漕运不出错。

**漕运总督**
统领全国漕运事务的最高长官,每年都要亲自检验从各地运来的漕粮,再入京向皇帝汇报。

**河道总督**
负责河道的疏通与管理,与漕运总督互相配合。

**督粮道**
每省各一位,他们必须跟随船队一起走,直到确定漕粮无损后才可打道回府。

**巡漕御史**
朝廷专门设立的监督人员,如果发现漕运中有不法行为,可直接弹劾。

**管粮同知和领运千总**
分散在各个州县,负责征集、押运粮食。

# 有趣的运粮接力赛

唐朝时,每年从南方出发的船队,都会在黄河一段遭遇湍急的水流和拦水的围堰。南方水手由于不熟悉环境,常常导致粮食损耗,幸好聪明的大臣裴耀卿提出了"转般法"。这是一种分段转运的方法,不再让漕船从南方直达洛阳或长安,而是沿途设置粮仓,让漕船接力运粮。此方案实施后的3年内,漕运总量竟翻了7倍!

**第3棒**
要运往长安的漕粮,会先存到太原仓,再通过渭水运抵永丰仓、渭南仓和太仓。

**第1棒**
江淮的漕船沿着通济渠北上,将粮食运抵河阴仓后返回。

**第2棒**
由朝廷雇用老练的船队,将河阴仓的粮食通过黄河和洛水运抵洛阳的含嘉仓。

**登楼祭酒**

达官贵人或文人墨客每次乘船抵达淮安,都会登镇淮楼祭酒,以表敬天敬地之心。随行的船员也会在此祝愿船行平安。

**漕运"总指挥部"**

明清时期,朝廷在淮安设置了总督漕运公署,负责统管漕运。

### 河阴仓

位于今河南荥（xíng）阳，是一座为转运粮食而设的粮仓，可以暂时存储来自江淮的漕粮。

### 三门峡

转运途中的重要区域，附近设有临时粮仓、货仓和盐仓，如果黄河水势过大，漕船短期内无法行进，就将货物暂时存放于仓库中。

### 陆运

由于黄河水流湍急，且河道经常淤堵，裴耀卿便下令在三门峡北侧开凿山路，当水运行不通时，就采用陆运。

### 永丰仓

位于今陕西潼关县附近，曾是隋唐两朝都城附近的大型官用粮仓，皇家用度和京官俸禄都取于此。

### 广运潭

盛唐时期，长安人口剧增，物资供不应求，水路转运使韦坚便开凿广运潭，让漕船能够直接驶入京城。极盛时，广运潭上二三百只舟船相接，天下奇货皆汇于此。

# 巨大的"粮食堡垒"
## ——回洛仓

在隋朝,漕运使都城能获得很多粮食,这就需要修建更大更多的粮仓进行储存。因此隋炀帝一即位,就下令在洛阳城外建设回洛仓和兴洛仓,用来存放天下漕粮。

建于隋大业年间的回洛仓规模庞大,占地面积相当于50个足球场。仓城内建有700座仓窖,据推算可以储存约1.9亿千克粮食。

**两条大马路**
分别贯穿仓城的东西和南北,能供多辆马车、双轮车并行来往。

**管理区**
位于回洛仓的中部,负责管理整个粮仓。

**送到门口**
为了让漕船直接开进来,仓城内凿有一条连通运河的沟渠,宽约20米,深约6米。

# 古代最大粮仓是怎样建成的

位于河南洛阳的含嘉仓，从唐朝开始大规模存粮，是中国古代最大的粮仓。这座"庞然大物"占地约45万平方米，共有圆形窖坑400余个，充分运用了当时先进的储藏技术。现代考古发掘显示，仓中遗留的粮食，碳化率不到50%，有些谷物颗粒甚至还可以拿来播种！

**1. 选个好地方**

地势较高、土质干燥和植被稀疏的地方最理想。

**2. 挖呀挖**

在古代，收藏东西的地洞叫作"窖"。含嘉仓的窖坑有7~9米深，顶部直径10~16米。它上宽下窄，就像一个超级大圆缸。这样的结构不易坍塌。

**3. 一烘一抹很重要**

先在坑底燃起火堆，赶走地下湿气，再在窖壁和窖底涂抹一层混合泥，就能很好地保持干燥。

混合泥里面有红烧土碎块、碎炭渣等，这配方一般人我不告诉他。

# 兵家必争的粮仓

正所谓"兵马未动，粮草先行"，在古代，粮仓始终是兵家必争之地。隋文帝时期修建的黎阳仓就曾经历过多次战火。据已探测仓窖的平均容积计算，这座大粮仓储备有至少1650万千克粮食，够8万人吃上一年，西濒永济渠，东临黄河，水运极为便利。它在狼烟四起的隋朝末年就像一块肥肉，成了诸路英雄志在必得的目标。

面对李密的攻势，隋炀帝派出十万大军，由江都太守王世充率领，先后数次攻打瓦岗军，试图夺回粮仓，但皆无功而返。

617年9月—12月

在隋炀帝和李密对战期间，李渊已经攻下了另一座大型粮仓永丰仓，养足了兵马，后与其子李建成率军以援助东都洛阳为名，试图攻占黎阳仓，未遂，率军返回。

618年4月

**瓦岗军打来了!**

　　瓦岗军是隋末势力最强大的起义军。公元617年9月,第二代首领李密派手下率领五千精兵,轻而易举拿下了看守松散的黎阳仓,并立刻开仓放粮、赈济饥民,仅仅10天就有20多万人投靠于他,瓦岗军势力因此盛极一时。

在瓦岗军势力扩张期间,宇文化及在扬州叛变,成功弑杀隋炀帝。他叛变后的第一个策略便是渡江北上,欲夺取黎阳仓以解决军粮不足的问题。

618年4月

黎阳仓有2万瓦岗军把守,宇文化及数次进攻都无功而返,双方多次交战后皆元气大伤。河北起义军首领窦建德趁双方不备,一举攻下黎阳仓,为他后来与李渊两军对垒提供了坚实的基础。

619年11月

# 扶危济困靠义仓

俗语说,远水解不了近渴。当边远地区遭遇灾荒时,京城的粮仓便起不了作用了。于是各城镇有名的乡绅带头,在民间建立起公益粮仓,呼作"义仓"。丰年百姓按户缴纳粮食存入义仓,灾荒时拿出粮食救命。像这样的义仓,清朝有几万座。

**超能存**

清朝的丰图义仓,是当地乡绅集资捐献 3 万两白银搭建而成的,能储粮 5000 余吨。如果每人一天吃 250 克粮食,这可以供 2 万人吃两年半。慈禧太后大笔一挥,为其题字——"天下第一仓"。1900 年,关中发生大饥荒,这座粮仓就拯救了无数生命。

# 各具魅力的大码头

漕船在航行途中,想要休息一下怎么办?最好找一处避风静水的码头。大运河沿岸码头云集,分工各异:有些专门转运漕粮,有些负责接应旅人,还有些只用来卸载特定的货物……每个码头都有它独特的作用和价值,让我们来认识一下吧。

**扬州御码头**

清朝皇帝康熙曾在此地登岸休整,当时负责接驾的是曹雪芹的祖父,担任江宁织造的曹寅。

**黄船坞码头**

位于北京通州,曾是明清两朝皇家御用码头,朝廷还特意在此地栽种了大片垂柳。每年春天,岸上绿枝摇动,河上黄舟荡漾,美不胜收。

### 张家湾码头
一个综合性的码头群，曾有多个货运码头并行使用，分别转运贡砖、食盐、瓷器等货物，被誉为"大运河第一码头"。

### 潞（lù）河驿
位于北京通州，是一座水陆两用的"驿站式"码头，专门接待进京的外国使节。乾隆年间，朝鲜国使团曾在此远眺，被城外千舟云集的景观震撼，并将其记录到了游记中。

### 土坝、石坝码头
明清时期，每年约有400万石漕粮在这里分拣验收，然后运至北京仓与通州仓。

### 明州
明州是宁波的旧称，与广州、泉州、杭州并称为宋朝四大贸易港口。这里海船众多，能看到各种奇货。

### "大马头"中的"马"是错别字吗?

据说乾隆在下江南期间,途径邵伯码头时,认为"石"不吉利,容易绊倒行人,便下令将"码"改成"马"。

### "立体"的码头

为了方便过往行人和车辆,邵伯镇的码头有个特别的设计——让下行的台阶穿过横向的街道,就像现代的立交桥一样。

# 千古运河第一渡

位于扬州的邵伯镇,是明清时期南北往来的货船的必经渡口之一。漕运活动最鼎盛时,这座小镇上曾有4座码头并行使用,分别负责接应不同种类的货物。其中,官商两用的邵伯大码头有着熙攘的人群和往来的船只,热闹至极,被称为"运河第一渡"。

### 文人爱"打卡"的斗野亭

斗野亭周围的景色非常优美,夜晚可以看到漫天星辰,白天可以观赏邵伯湖内盛开的荷花。孙觉、苏轼、苏辙、秦观、黄庭坚等诗人都曾在这儿吟诗作对,并留下墨宝,使得此处一度成为文坛圣地。

### 镇水的邵伯铁牛

康熙年间,朝廷在淮河下游至江口的多个要处,安置了12个铁质动物雕塑镇水,它们分别是九牛、两虎和一鸡,现在只剩下铁牛。如果河水淹没了这些铁疙瘩,就意味着水位超标,洪水要来了。

# 人文气息浓厚的西津渡

江苏省镇江市的西津渡位于长江和大运河的交汇处，这里从春秋战国时期开始，就是运输战略物资的军用码头，可谓兵家必争之地。到了唐朝，长江水的冲刷使西津渡变成了一座深水港，商业功能愈发强大，运输着重要的漕粮。

同时，因为长江自古被视为天堑（qiàn），在江中航行险象环生，所以往来的渡客为祈求平安，在此建造了众多庙宇，还成立了公益救生会。于是，西津渡的人文气息日渐浓厚起来。

**救生会**

为了挽救落水的百姓，救助被困的船只，西津渡最早在宋朝就出现了官办的救生会。到了清朝，当地乡绅自掏腰包成立了京口救生会，无偿打捞沉船、救助落难者。

**危险的深水港**

古代长江的水面十分宽阔，每当狂风大作、波涛起伏时，它都会变个模样，吞噬过往船只。唐、宋、明三朝都留下过许多长江上船翻人亡的记录。难怪孟浩然摇头感叹"江风白浪起，愁煞渡头人"啊。

# 一路北行不容易

为了保证漕粮能安全抵达目的地，明清时期，每批漕运都配有领运千总、运丁和水手，以十余艘漕船为一组，组成船帮结伴航行，以应对路途中会遇到的危险。

由于船队众多，为保证秩序，各省船帮必须根据距离的远近，按照规定的时间出发。通常湖南的最早，山东的最晚。如果大家在河道上"堵车"了，就要遵照各地的出发顺序依次过闸口，"加塞"的船队会遭到严厉的处罚。

**赚运费**

每一次航行都要花不少银子，因此漕船只能载运一些特产，沿途贩卖，补贴运费。

**船上生活**

漕运往返少则一两月，多则半年，非常辛苦，很多人会晕船、生病。

**拦路虎**

河道上常有官员对路过的漕船敲诈勒索，往往漕船还未离岸，就已花费不少银子。

**刻铭砖**

每个仓窖都有，上面详细记载了漕粮的来源、数量、种类、经手人等信息，使每粒米都有迹可循。

**晒粮空地**

远方运来的粮食难免受潮，或掺有杂质，入窖前要先放在空地上筛选过滤一番。

### 别想翻墙

丰图义仓的防盗能力很强,它不仅选址在黄河西岸的山崖上,还设计为城中城的结构。外城的城墙高约8米,与内城之间凿有深深的壕沟,强盗和小偷很难进入。

### 不怕火不怕潮

丰图义仓建有12道防火墙,皆用黏土砖砌成,能耐得住上千摄氏度的高温。如果下雨,防火墙顶部还有导水渠,能快速将雨水排出。

### 天然空调

丰图义仓的58座仓房,都采用了窑洞的结构,内部冬暖夏凉,室温常年保持在19摄氏度左右,能防止粮食发芽或腐败。

### 轮流监管

丰图义仓由当地有声望的乡绅负责管理,每几年更换一次管理者,谁也别想中饱私囊。

**超岸寺**

位于玉山大码头的一侧，西津渡最西端，往来行人络绎不绝，过往僧人也能在此借宿。

**紧急！紧急！**

有趣的是，和现代的消防车一样，清朝的救生船也被漆成红色，并在船头雕刻虎头。前往救援的路上，有专人负责敲打铜锣，示意过往船只："事态紧急！请快快让路！"

# 徽商

**组成**：来自徽州府治（今安徽歙县）的商户。

**用人标准**："用亲不用乡"，以家族为纽带，选用的人员大多来源于同族。

**经营理念**：重官不重钱，"学而优则仕"，从小就培养孩子贾而好儒的品格。

**产业**：以盐业发家，经营盐、典当、木、茶等行业，与政治权力结缘。

**主要经营地域**：两淮地区、江浙及长江中下游。

### 红顶商人胡雪岩

所谓红顶商人，就是有官职的商人，俗称"官商"。古代商人社会地位低，长期以来和政坛无缘。而徽商的代表人物胡雪岩，却是历史上有名的红顶商人。好儒的性格让胡雪岩心怀百姓——他在杭州筹建了"胡庆余堂"中药店，持守着货真价实的制药理念，广纳名医，以精湛的制药技艺和诚信的招牌赢得了"江南药王"的美誉。

### 皇帝南巡的赞助商

鼎盛时期的徽商，让乾隆都自叹不如。据说乾隆六下江南，都由著名徽商江春接待，耗费颇多。江春还被封为"光禄大夫"，受邀参加了乾隆办的千叟宴，得到"以布衣结交天子"的美誉。

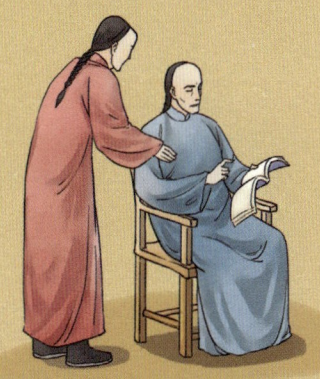

### 爱读书的马氏兄弟

以盐业起家的马曰琯（guǎn）、马曰璐兄弟是儒商中的代表人物，他们爱书如命却不孤芳自赏，常邀四方读书人来家里看书。马氏兄弟创建的小玲珑山馆，藏书多达10余万卷，是当时文人学者最爱去的地方之一。

# 热闹的"物流中心"——西兴码头

浙江省杭州市滨江区的东面,有一个叫作"西兴"的古镇,浙东运河穿镇而过,让这里成为连接大运河和钱塘江的要冲。由于这里的地势西高东低,钱塘江的水位高于浙东运河的,为了让镇里的河道水流稳定,人们设置了拦水的塘坝。商人行船至此,必须停船靠岸,先卸货,再临时存储或转运货物。久而久之,西兴码头就变成了重要的货物中转地,类似于现在的物流中心。

**过塘行**

为货物中转提供服务的行业叫作"过塘行"。在明清时期的西兴码头上,曾有几十家商铺以经营过塘行为生,挑夫、车夫等相关从业人员多达千人。

## 0.5家店铺？

《西兴镇志》记载：晚清经营过塘行的店铺多达72.5家，他们被称为"72爿（pán）半"。这0.5家是怎么来的呢？原来其中72家店铺是一年四季都营业，另有一家黄鳝行只营业半年，所以算0.5家。

> 我做完这一单，就关门歇息啦，明年见！

### 过塘牙人

帮助客商搬运货物的包工头。牙人们会先从顾客那儿接单，再雇用挑夫、脚担等工人搬运货物。

### 店户

拥有"百事通"属性的商家，能为顾客提供全面的商业信息。

### 埠头

每当有商船离开西兴码头时，埠头会提供翻坝过塘的专用船只，并核实船上货物的详情。

# 大运河上最赚钱的行业

除了漕粮外，还有一种老百姓离不开的必需品十分依赖大运河的运输，这就是盐。

自古以来，民间就流传着"两淮盐，天下咸"的说法，这"两淮"说的就是江苏省长江以北的淮河故道入海口附近。这里有一南一北两片大盐场，组成了号称"中国四大盐场之一"的两淮盐场。两淮盐场生意最好时，每年生产原盐近 300 万吨。如果以现在中国每年的食盐总消费量（约为 700 万吨）来计算，两淮盐场每年生产的盐几乎可以满足全国一半人的用盐需求。

## 皇帝重视的"钱袋子"

别看今天我们能在商场轻松买到便宜的盐，在古代，盐可是朝廷严格管控的专卖品。从宋朝开始，盐的买卖与运输就都需要经过官府的批准，商人需购得"盐引"作为交易许可证才能"合法经营"，朝廷再从中征收重税，就能"稳赚不亏"。这种形式被称为"官督商销"，是朝廷最重要的收入来源之一。

### 盐引长这样

明清时期的盐引分前后两卷，盖印后从中间分成两份，前卷留作存根，称为"引根"；后卷给商人，称为"引纸"。

### 海盐是煮出来的

一开始，两淮盐场的制盐方式是煮盐。盐民们在海边垒起灶台，放上巨大的铁锅，倒入卤水，往燃烧的灶中塞入大捆木柴，让水不断沸腾。最后，往锅中撒入皂荚磨成的干粉，就会得到盐的结晶。

### 晒盐法更香

经过摸索，盐民变煮为晒，先将海水引入晒盐池沉淀，再将得到的"卤水"转移到小格盐池里暴晒，"卤水"变浓，便可形成盐的结晶。用晒盐法不仅晒出来的盐晶莹剔透、质量上乘，而且制盐的整体效率也更高。

### 著名的两淮盐引案

乾隆三十三年（1768年），两淮爆出了震惊全国的盐引案。两淮一带的盐政官员和盐商互相勾结，持续20多年，预售盐引将近500万张，侵吞税银1000余万两。乾隆震怒，将牵扯其中的官员都抄家问罪、从重处罚，其中就牵扯到名臣纪晓岚。因为他和犯官之一是亲家，提前向对方报了信，所以他被发配到新疆，直到后面纂修《四库全书》才被召回。

# 因河而盛的商人

明清时期,京杭运河沿线商业更加繁荣,竞争也愈发激烈。商人之间便以地域、宗族、血缘为纽带,形成了互帮互助的社会团体——商帮。其中最有名的当数晋商和徽商,他们也是前面说的两淮盐商中最大的组成部分。

**见证晋商辉煌的乔家大院**

山西晋中的乔家堡是晋商的大本营,这里有座十分出名的晋商私宅——乔家大院。乔家大院建筑面积达4175平方米,分为6个大院,内套20个小院,共有313间房屋,曾被称为"清朝北方民居建筑的一颗明珠"。

**茶香飘飘的"驼帮"**

晋商中的大部分人经营着茶叶生意,他们在安徽、福建、浙江和江苏一带购买茶山自产自销,同时也收购茶叶加工成砖茶,以骆驼运输的方式,将砖茶贩卖到蒙古、俄罗斯等地。

**爱开"银行"的晋商**

晋商涉足的领域中,最大的创举当数山西票号。其总部设在北京,分部遍布各个省市,主营业务与现代银行相似,可以取钱、存款和贷款。这对当时的商人来说非常方便,他们不必再揣着银子行走各地。

## 晋商

**组成**:整个山西的商户。
**用人标准**:"用乡不用亲",以地域关系为纽带,用人以同乡为主。
**经营理念**:重钱不重官,"学而优则商",从小就教育孩子怎样赚钱。
**产业**:以盐业发家,以票号为主,兼营北方所需的粮、棉、盐、茶叶等。
**主要经营地域**:通过"走西口",向蒙古甚至俄罗斯发展。

**远渡日本的"船帮"**

清代中叶,我国的产铜量很低,不能满足铸造货币的需求。晋商看准时机,组建"船帮"奔赴日本,做起了采购洋铜的生意。

# 精致奢华的商人之家

走南闯北的商人,为了在其他城市也能与同乡、同行聚会议事而合力出资建设的公共场所,称为"会馆"。这里不仅是交易的场所,更是商人的第二个家,为此他们不惜花重金进行建造。位于河南社旗的山陕会馆,就历经130余年才竣工,可以说是精致又奢华。

**琉璃照壁**

会馆的"门面担当"是一面色彩斑斓的琉璃照壁。正中央的二龙戏珠浮雕精美绝伦,激励着大家奋发向上,坚信终会飞黄腾达。

**悬鉴楼**

悬鉴楼的设计十分巧妙,一体双面。正面为会馆大门,俗称"山门";背面为戏台,每逢端午、中秋等重要节日,都会邀请戏班来此处演出。

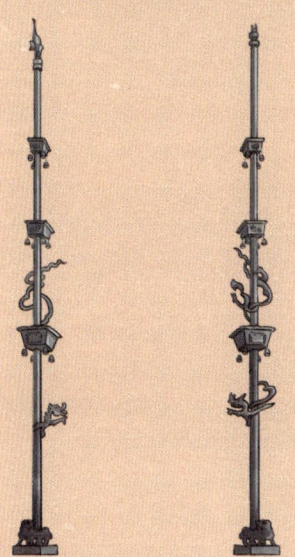

**霄汉铁旗杆**

当初会馆落成时，公费有所剩余，便用来打造了两根铁旗杆，提醒山陕商人行事要光明磊落。

**大拜殿**

会馆的祭祀场所，殿内供奉的为关羽，可见山陕商人对义气、忠诚的重视。

**药王殿和马王殿**

位于大拜楼两侧，药王殿内供奉的是名医孙思邈，马王殿内供奉的是马王爷金日（mì）䃅（dī）。据推测，山陕商人供奉他们可能是为了祈求身体健康和路程顺遂。

**春秋楼**

33米高的春秋楼因供奉关羽夜读《春秋》像而得名，是整座会馆中最壮观的建筑。可惜它在咸丰年间被反清农民起义军焚毁。后来，人们在原址建起了关公像作为纪念。

**超大办公区**

临清运河钞关占地约 4 万平方米，差不多是 100 个标准篮球场拼在一起的大小。以中间的堞（dié）楼为界，前关负责拦截船只、检查货物并征税，后关则是存储货物，以及官员处理政务、居家住宿之地。

**八大钞关之首——临清运河钞关**

临清作为下控江淮、上通京师的咽喉之地，货流量极大。明朝万历年间，临清运河钞关一年就征收了 8 万余两白银的商税，居运河八大钞关之首。

# 财随运河来

流动的大运河就像一个聚宝盆，使商人积攒了大量的财富。明朝朝廷看准这一点，在水陆要冲和货物集散地设立了许多税关，向商人征收船税和货税。由于当时官方货币大明宝钞严重贬值，朝廷强制商人用银子兑换大明宝钞，并趁机增税，所以这类税关就被称为"钞关"。明朝共有 8 个常设钞关，其中 7 个在大运河沿线，足见运河经济的繁荣。

## 钞关是怎样收税的？

### 1. 填写清单
商人和负责运输的船户，要先将货物的数量、出发地和终点等信息，以清单的方式呈报给钞关。

### 2. 计算税款
税官会一一核实所填信息，并派税吏去丈量货船的大小及承载量，以此计算税款。

### 3. 兑换凭证
商人交税后取得货票，船户兑换船筹，并由官役查对。

### 4. 开关放行
开关放行时，以船筹为凭证，交一个走一个，并且还要再次核对货票，谁都别想蒙混过关。

### 船筹的分类
红筹（入关）、黑筹（出关）、白筹（自己留着，以备随时抽查）。

# 沿着运河看热闹

## 漂流而来的京剧

大运河不仅仅是流动的经济命脉,它也用自己的灵秀滋润了两岸人民的生活,在历史的积淀中孕育出了各具地方特色的文化和工艺特产。京剧,就是在流动的运河血脉滋养下诞生的国粹。

清朝以前,中国没有京剧这一剧种。乾隆非常喜欢听戏。1780年,当他第五次下江南时,为了投其所好,沿途的巡抚衙门召集各地知名的戏班子汇聚于扬州,在运河边的文峰塔下搭起戏台,你方唱罢我登场,为皇帝献上了一场轰轰烈烈的戏曲会演。

演出10余天后,班主们碰头商量,不能皇帝一走就散伙了呀,趁着这个劲头,咱们主动进京去表演。于是大家登船北上,每到运河边的一个城镇,就登岸演出。不同剧种间也在同台演出中互相借鉴和切磋,通过这段奇妙的运河之旅,进行了一次史无前例的大融合。

### 点燃京剧火种的"徽班进京"

在之前的扬州会演中,乾隆对徽剧十分青睐。到了他八十大寿时,著名的三庆班、四喜班、春台班、和春班再次沿着运河进京为他贺寿,并在京城"一炮而红",备受百姓的喜爱。此后,经过几十年的发展,徽调与湖北的汉调合流,融合了秦腔、梆子和北京方言,最终以西皮、二黄为主,逐渐发展成为我们熟悉的京剧。

《同光十三绝》(清 沈容圃绘 故宫博物院藏)

# 你知道京剧中的生旦净丑吗？

生旦净丑分别代表京剧里4种脸谱化的角色，除了旦代表女性角色，其他均代表男性角色。

## 生

**释义**：一般为性格儒雅稳重的男性。
**类型**：老生、小生、武生、红生、娃娃生等。
**经典角色**：《武松打虎》中的武松，《群英会》中的诸葛亮、周瑜。

一般的生行都是素脸的，行内术语叫作"俊扮"。其中，唱功老生以唱为主，动作少且幅度小，看起来很从容；做功老生以动作表演为主，有丰富的肢体语言。

## 旦

**释义**：舞台上的所有女性角色。
**类型**：青衣（正旦）、花旦、武旦、刀马旦、彩旦等。
**经典角色**：《贵妃醉酒》中的杨贵妃、《穆桂英挂帅》中的穆桂英。

青衣是旦行中极为重要的一个分支，以唱功为主，动作幅度较小，行动比较稳重，多数是贤妻良母之类的角色。其服饰上多有青褶子。

## 净

红脸：忠诚正义　　蓝脸：刚直桀骜（jié ào）　　白脸：奸邪狡诈

黑脸：忠正或鲁莽　　黄脸：性格残暴　　紫脸：机智刚毅　　绿脸：侠义暴躁

**释义**：在相貌、性格等方面有突出特点的男性。
**类型**：正净、副净和武净。
**经典角色**：《群英会》中的曹操、《长坂坡》中的张飞。

净行又称"花脸"，常以特定颜色的脸谱来诠释角色，表演动作幅度大。

## 丑

**释义**：插科打诨，比较滑稽的角色。
**类型**：武丑和文丑。
**经典角色**：《群英会》中的蒋干、《棋盘山》中的程咬金。

丑角化妆时会在鼻梁上抹一小块白粉，所以俗称"小花脸"。其在表演上以念白口齿清楚、清脆流利为主，时常以插科打诨博得满堂哄笑。

## 运河赏花灯

大运河畔灯火夜游的习俗，每逢重要节日，大运河沿岸诸多城市都会挂起各种各样的花灯。这条河流连接着许多著名的花灯之乡，比如河北的藁城宫灯、河南的汴京灯笼张、明清以来享有盛名的南京秦淮灯彩、杭州灯彩、海宁硖石灯彩、苏州苏灯、扬州通草花灯等。它们或来自北方，或诞生在江南，在京杭大运河开凿、完善之后，各国各族的能工巧匠们汇聚于此，有各地人民的大力支持，花灯的制作技艺相互借鉴分化，塑造出丰富多彩的中国花灯文化。

### 河北藁城——宫灯

宫灯是古代宫廷里使用的灯笼，做工考究。它的框架上，一般的花灯需要两三道，甚至五六道工序，而藁城宫灯要经过56道工序。糊、刻、雕、画，同样一不少。

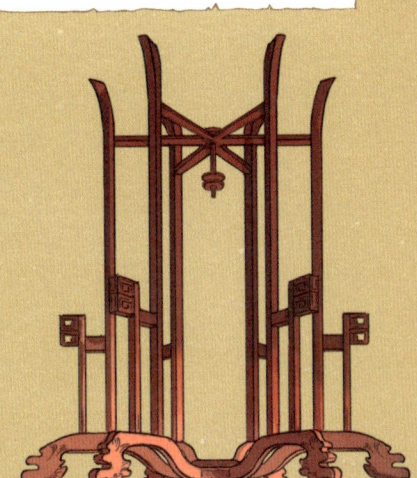

宫灯采用料光滑的绸缎做灯衣。当要用大红色绸灯衣，也要用其他材料。北京的华表和榫（sǔn）卯结构，拼接处采用榫卯结构，不便用一颗钉子。

灯罩可以是绸缎做的，也是用薄薄的瓷片做的，需要烧制成的。

每盏灯有一个小小的灯罩，它们每一面都绘有不同的精美图案。绘制有各种图案的灯罩，美不胜收。

### 灯的五花八门

除了基本形式的宫灯外，各种类型的灯笼，样式各有特色；它们之间有一个共同点，就是它们都是一层灯笼；这样连接一层，大的灯笼可以垂挂花穗，小的灯笼可以悬挂一个花瓶。

花罗灯

大南瓜灯花灯

荷花盛开灯笼

**运河通州段——运河龙灯会**

虽然运河沿岸不少地区都有舞龙活动,但通州张庄村自光绪年间就有的运河龙灯会绝对是"独一份"。当地百姓舞的龙是蓝色的,他们认为蓝色代表运河水,只要舞起蓝色的"运河龙",就能保佑沿岸村庄风调雨顺、五谷丰登。

**运河杭州段——水上灯会**

元宵节当夜,杭州的运河水面上灯光璀璨,十分漂亮。一艘艘亮灯的花船缓缓驶过,和岸边的花灯交相呼应,让河畔变成了一片光的海洋。

## 名冠运河的舞狮表演

运河两岸的百姓认为舞狮可以保佑生活平安,因此每逢节庆,许多舞狮队都会敲锣打鼓,献上精彩的表演。

清末的通惠河二闸区域,每到夏天,都会有舞狮队随船表演。据说有一次,大船突然猛烈摇晃,一只没站稳的狮子跌落水中。演员灵机一动,索性就在水里舞动了起来。船上的狮子见状,也跳入水中。一对狮子在水中上下翻飞,宛如蛟龙,博得两岸观众如雷的喝彩声。大家纷纷打趣道:"真稀奇!二闸的狮子会浮水!"

就像地域有南北之分,舞狮也因为文化风俗的不同而形成了南北两种表演风格。北狮和南狮虽然都是舞狮表演,却从外形到舞法都有着明显的差异。

### 北狮

**代表地区**:京津冀地区。
**特点**:重武功和气势,十分灵动。
**动作**:以摔跌见长,类似杂耍,也能生动地模仿狮子扑、跌、翻、滚、跳跃、抓痒等动作。
**造型**:如真狮,狮头虽简单,但分量十足,有的重达45千克。舞狮者的裤子上有金色的毛。
**雌雄区分**:头上有红结的为雄狮,有绿结的为雌狮。
**表演场地**:以平地为主,高台、梅花桩亦可。
**出场**:通常雌雄两只搭档,由扮成武士的主人引领登场,也有大狮子和小狮子组合出场的。

# 南狮

**代表地区**：珠江三角洲地区。
**特点**：动作威猛，重视神韵。
**造型**：狮头以戏曲脸谱为参考，眼嘴可动。
**动作**：同武术相结合，丰富多样，轻灵敏捷，刚柔相济。
**表演场地**：立桩、飞柱和踏青。
**特殊名称**：南狮又称"醒狮"，原名为"瑞狮"，本来有吉祥如意的寓意，但鸦片战争的影响蔓延全国，具有民族忧患意识的佛山人认为"瑞"字和"睡"字在方言上谐音，所以将"瑞狮"改成了"醒狮"，寓意"醒狮醒国魂，击鼓振精神"。

### 采青

舞狮的时候，人们会悬挂生菜，取其谐音"生财"之意。狮子在生菜前舞耍，然后一跃而起，一口"吃掉"生菜，再把它吐出来抛给主人，表示主人接到了福气。

### 舞狮者

由舞狮头者、舞狮尾者二人组成。舞狮头者要有一定的上肢力量，才能舞动沉重的狮头；舞狮尾者要足够高，才能撑开狮皮。每位舞狮者都要进行上千次俯卧撑和扎马步等基本训练，才能让双肩有力、下盘稳定。

传统的南狮分为"佛装"和"鹤装"两种，可以靠角和嘴来区分它们。

### 佛装狮

又叫"佛山狮"，尖角弯嘴。狮头重达4千克，从侧面看圆滚滚的，舞动起来威武又霸气。

### 鹤装狮

又叫"鹤山狮"，圆角扁嘴。从侧面看外形较为扁长，狮头比佛装狮要轻得多，舞法也更轻盈灵动。

### 点睛

在启用新的狮头前，先要举行吉祥喜庆的点睛仪式。从额头、双眼、舌头、耳朵到尾巴，一般点6下，取"六六大顺"之意。

# 大运河上的特产

## 大运河畔的丝业传奇——辑里湖丝

坐落于太湖之南的南浔（xún）古镇，在历朝历代都是水陆交通要冲，与大运河的关系十分密切。大自然对这方水土的最大恩赐，就是那上乘的优质蚕丝。早在隋唐时期，南浔镇就家家户户开始种植桑树、饲养桑蚕，生产出的优质蚕丝叫作"辑里湖丝"。

明清时期，每当新丝上市时，南浔镇到处都是来自各地的湖丝采购商贩。就连苏州织造、杭州织造负责采买绸缎的官员也坐船到此，收购上等的辑里湖丝运往宫廷。

**辑里湖丝的特点**

细而柔、圆而匀、坚且韧、净且白。

### 皇家也是它的"粉丝"

辑里湖丝白净柔软又有韧性，一直深受皇家的喜爱。史料记载，明清两朝皇帝的龙袍，都以辑里湖丝为原材料。清朝皇后的凤袍，也大都用它精织而成。

### 走向世界的辑里湖丝

1851年，英国伦敦举办了第一届世界博览会。上海商人徐荣村将"辑里湖丝"寄往大会参展，一举获得金奖和银奖。辑里湖丝不仅用实力击败了各国参展的洋丝，还惊艳了英国女王维多利亚，她亲自为它颁发了奖牌。

## 辑里湖丝诞生记

**1. 赢在起跑线**

辑里湖丝的蚕种，选用村民自育的"莲心种"，产出的蚕茧小如莲子，茧丝细、色泽亮、拉力强，一根丝能吊起8枚铜钱，品质十分优秀。

**2. 装备缫(sāo)丝"神器"**

缫丝是把蚕茧制成生丝的过程。当地的蚕农使用的是先进的三绪缫丝车，这种工具由硬檀木制成，一侧有煮茧锅和小灶，可以单人操作，也能双人搭配干活。

**3. 缫丝从煮茧开始**

蚕茧的外围包裹着一层丝胶，需要用热水来溶解，以使蚕茧变得蓬松。

**4. 索取丝绪有妙招**

用长长的禾秆帚搅动正在煮的蚕茧，再轻轻提起，就能找到丝头。

**7. 卷啊卷，绕啊绕**

一圈圈转动的丝车轴，可同时卷绕3卷蚕丝。丝车轴的下方放置无烟炭盆，能马上将缫出的丝烘干，这是蚕农保证湖丝品质的秘诀。

**6. 衔接起来不能停**

脚踏启动板，转动丝车轴。当蚕茧被逐步剥净时，需要及时衔接下一根丝头。

**5. 小心地集绪**

将若干枚蚕茧的丝头并为一绪，挽上铜绪钩，再引缠上丝车轴就做好了准备工作。为了避免伤丝，车轴上会绕一块粗布。

# 穿越千年的"锦绣之冠"——宋锦

苏州的盛泽古镇世世代代生产丝绸,南宋在此设置了宋锦织造署。

在这儿工作的匠人们,大多是迁徙而来的蜀锦织工。他们在蜀锦织造技术的基础上,创造出了细腻典雅、纤巧秀美、质地坚韧的苏州宋锦。制作这种被誉为"锦绣之冠"的华丽工艺品,前后要经过20多道工序,每人每天只能织几厘米,可见其十分珍贵。宋锦一般会用在服饰、宫殿陈设(如屏风、窗帘)和书画装帧上,并和南京云锦、成都蜀锦、广西壮锦并称"中国四大名锦"。

白龙桥是盛泽镇重要的地标,上面的桥联颇为著名,其中的"风送万机声""晴翻千尺浪",描述了千家万户都在织绸的盛况。

白龙桥下面的河流通向大运河,宋锦就从这里出发,通过古代海上丝绸之路,扬名天下。

## 宋锦的图案多着呢

宋锦的图案多以几何图形为骨架,其中填补花卉、八宝、八仙、八吉祥、瑞草等纹样,既能满足成年人在正式场合的着装需要,也能满足少年日常穿搭的需求。

### 意匠图

匠人们会先构思图案,并把原稿画在表示经纱和纬纱的格子纸上,称作"意匠图";再把此图转化为可操作的花本,就能进行织造了。

### 巨大的纺织机

宋锦织机也叫小花楼织机,织机上高处的工作区隆起如楼,故名"花楼"。这个大家伙高约5米、长约6米、宽约1.5米,工作时会发出有节奏的"哐、哐"声。

### 两两搭配来织造

织造时,需要两人配合。一人在织机上方提示对应的经纱,另一人则在下方踩踏综杆将经纱分层,根据提示抛梭穿纬。

### "小猴爬树"形式的纺织方法

宋锦的纺织方法为"两经三纬",就像小猴子在笔直的树干上,沿"U"形来回攀爬。经纱和纬纱互相穿插、压实,既能同时显现花纹,又能让宋锦质地密实。

### 柿红盘绦朵花宋锦

**收藏地:** 故宫博物院
**纵:** 142厘米
**宽:** 32厘米
**花纹特点:** 宝蓝色的六边形框架内,填充各种花卉图案,有海棠、勾莲、秋菊、蜀葵等,花纹对称和谐,充满几何美。
**配色特点:** 大面积底色选用了纯度较低的柿红色,小面积配色选用了蓝、灰、红、黄、绿进行布局,符合宋锦主流的配色观点——艳而不火,繁而不乱。

## 人造美玉——青瓷

运河附近诞生了许多精美绝伦的工艺品,比如青瓷,就在"四大名窑"之一浙江龙泉窑与我们见面了。

龙泉窑并不是唯一生产青瓷的窑口,但这儿的青瓷色泽青翠如玉,深受以淡雅为美的宋朝皇室的喜爱。宋朝皇室不仅将它列为贡品,还专门派出监督官员和匠师,到龙泉当地和匠人们一起烧瓷。青瓷经检验合格后,便通过运河妥善送到开封。

### 皇家专用的秘色瓷

青瓷中有一种特殊的极品,叫作"秘色瓷",其配方和工艺秘不外传,产量极低,罕有人见。自五代起,它就是皇室独享的贡品。后来在宋末的战火中,秘色瓷消失得无影无踪。直到1987年,考古工作者在西安法门寺发现了唐朝地宫,13件越窑秘色瓷才重现世间,为我们揭开它的神秘面纱。

### 两兄弟的青瓷传奇

龙泉窑有两个著名窑口,称作"哥窑"和"弟窑"。其中哥窑产出的青瓷表面布满龟裂的纹路,给人"破碎"的美感,十分古朴、有韵味。弟窑烧出的青瓷表面光润纯洁、青碧如玉,被誉为"青瓷之花"。

哥窑特色金丝铁线

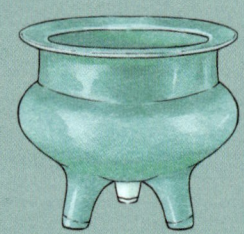

弟窑经典梅子青

为什么两个窑有兄弟之称呢?据说当时的龙泉县有一对兄弟,老大好学能吃苦,老二聪慧善钻研。父亲去世后,兄弟俩各自开了窑口,称作"哥窑"和"弟窑"。

因为老大技高一筹,所以皇帝指定他烧贡品。一次,老大有急事外出,请弟弟临时帮忙照看窑火。没想到弟弟突然心生嫉妒,没有等到窑火熄灭降温才开窑,而趁火刚灭立刻开窑。谁知歪打正着,冷空气瞬间进入窑内,让滚烫的瓷坯收缩,产生了许多裂痕。归来的老大觉得有这种纹路的青瓷很独特,后来将其作为贡品上交,也得到了皇帝和文武百官的认可。看到哥哥的成功后,弟弟收敛了急进冒失的性子,潜心研究青瓷的色泽和器型,也取得巨大成功。在宋元时期,弟窑的青瓷大量出口国外,赢得一片赞扬。

## "毛笔之冠"——湖笔

运河边有一个小镇,靠一门"文雅"的手艺名冠天下,这就是"毛笔之都"——湖州善琏(liǎn)镇。自晋朝起,这里就"家家有笔工,户户出毛笔"。经过一代代的技术改进,湖笔的制作工序达到了惊人的128道。从品质上看,湖笔不仅着墨均匀、软硬适中,还下笔顺滑、回弹性强。历史上许多名人都是它的"粉丝",比如王羲之、颜真卿、苏东坡等都曾在湖州为官,他们不仅喜爱湖笔,还时常与笔工交流制笔技术。

### 湖笔的祖师爷是武将?

虽然中国毛笔早在新石器时代初期就出现雏形,我们也在楚国早期的墓葬中发现了毛笔,但在秦朝之前,毛笔都是用动物毛捆扎在枝条上制成的。

据说将毛笔的制作工艺从外裹式改进成我们熟悉的内嵌式的人,是秦国大将蒙恬。《古今注》记载:蒙恬用枯木做笔杆,笔头的内层是鹿毛,外层是羊毛,这种笔被称为"苍毫"。又有传说称蒙恬制笔的地点就在善琏,他的夫人也精于此道,所以善琏的笔工奉蒙恬为"笔祖",奉其夫人为"笔娘娘"。当地人不仅修建了蒙公祠,从元朝起,每年还要在蒙恬的生日当天,举行盛大的祭笔祖庙会。

### 笔舫

善琏镇水网密布,和大运河之间由一条小河连通。笔工们将农船改造为专运湖笔的笔舫,此船最远可到达京城。

### 湖笔的"毛"从这儿来!

羊毫(山羊毛):拥有柔软的特性,是湖笔的代表。

紫毫(山兔毛):吸墨多,能长时间书写,弹性佳。

狼毫(黄鼠狼毛):笔力劲挺。

兼毫(混合毛):弹性适中,由两种以上的毫毛组合而成。

鸡毫(鸡毛):毛质非常软,经验充足的人才能驾驭。

胎发毫(胎发):经过消毒脱脂等处理后,能长年不腐不烂。

# 捧在掌心的微观宇宙——核雕

明清时期的江浙一带，文人雅士中流行着一种在手上把玩的奇巧物件——核雕。他们手持折扇，将核雕制成扇坠，走到哪儿都显得风度翩翩。随着运河的流动，这种文雅的爱好也一路北上，一时风靡京津地区。

### 早期的核雕"明星"——桃核

因为桃木在中国民间有着可驱鬼辟邪之说，所以明朝的匠人多以雕刻桃核为主，用桃核制成的挂件有着吉祥如意的寓意。

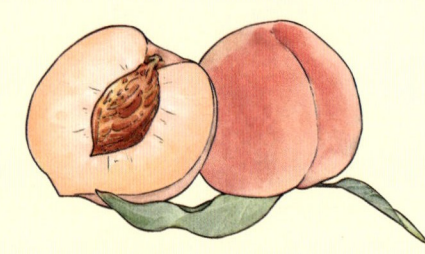

### 小而精致——杏核

在明朝的核雕界，杏核也撑起了半壁江山。因为杏核个头小，更能考验雕刻者的手艺，所以常被老师傅用来制作精致的挂坠和手串。

### 后起之秀——橄榄核

橄榄核中间大、两头尖，不仅质地紧密，还有一定的硬度。明清时期，它常被用来雕刻核舟，还曾有寺院的僧人将核舟售卖给香客，以示"普渡"之意。

### 御用微雕家

清朝有一位巧匠，叫作陈祖章。他在雍正年间被召进皇宫中的造办处工作，直到老年，才"退休"回乡。他在前人创作的核雕作品——《核舟记》的基础上创新，将形神具备的8人，连同《后赤壁赋》全文300多字，一同刻在小小的橄榄核之上，真是神乎其技！

## 如何制作一件核雕？

**1. 挑**
将桃核放入水中，密度大、更饱满的会沉在水下。

**2. 画**
根据核的形状构思图案，并画在上面。

**3. 锉**
用锉子切削出核雕的大概形状。

**4. 刻**
以刀为笔，在核上运刀走刃，细细雕刻直至成型。

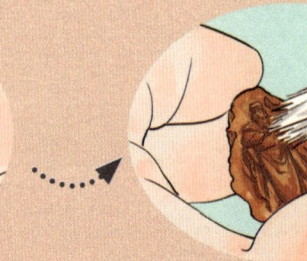

**5. 磨**
经过打磨和抛光，一件完美的作品才能诞生。

# 一掬黄土塑百相——泥人

大运河带来的艺术交融，赋予了许多手工艺人蓬勃的艺术创造力。泥塑，这种能追溯到新石器时代的工艺品，就经过多年的演变，从一开始的殉葬、祭祀用品，变成了百姓手中的玩具，以及皇室的藏品。特别是明朝、清朝和中华民国这段时期，泥塑工艺越发精湛，并在天津、惠山、潮州等地发扬光大。

## 天津"泥人张"

清朝末年，天津有一位善于绘画和泥塑的手艺人，叫作张明山。他从小心灵手巧，不仅常在集市上观察不同的人，在戏院看戏时，还会照着演员的模样，偷偷捏制泥人。经过多年苦练，张明山手中的泥人形神兼具，仿佛真人一般。老百姓喜爱他的作品，亲切地称呼他为"泥人张"。

## 慈禧太后一眼相中

据说，在慈禧太后七十岁大寿当日，各地进献的珍宝都集中在一处，贵重的放在最前排，而"泥人张"制作的8套泥人由于材质平凡，放在了最后。没想到慈禧太后对那些金光闪闪的珍宝视若无睹，反而一眼相中了这些泥塑，命人将其搬到面前来仔细欣赏，爱不释手。可见"泥人张"的手艺将慈禧太后都征服了。

## 张明山传世作品

《白蛇传》 　　　　《孙夫人试剑》 　　　　《木兰从军》

# 走近非物质文化遗产——常州梳篦

大运河沿岸的工艺品并不总是仅用于观赏，也常常和百姓的生活挂钩。常州就有两种小巧的工艺品，几乎家家都用得上，它们就是梳和篦。

清朝光绪年间，苏州织造署的官员每年都会到常州定制一批精品梳篦，作为御用珍品随运河上的货船运往宫廷，于是常州的梳篦也享有"宫梳名篦"的美誉。大量的需求让常州西门和南门一带几万人都开始从事梳篦生产，甚是热闹。

常州篦箕（jī）巷：旧称"花市街"，整条街巷家家户户都以制作梳篦为生。

### 梳和篦是两个东西

古人每日打理头发的器具中，齿稀的叫"梳"，齿密的叫"篦"，梳理头发用梳，清除发垢用篦。

梳　　　　篦

### 不只是梳头

虽然梳子常用来梳理头发，但古人总是有新的想法，他们发现有些梳子十分好看，既可以直接插在头发上做装饰，也能像现代的发夹一样固定头发。于是从唐宋到明初，插梳的风俗甚为流行。

### 华丽的梳具套装

种类齐全的梳具套装在清朝后妃梳装时派上了用场。比如这套象牙描金带彩什锦梳具，共计25件，其中有梳子9把、竹篦2把、剔篦2把、胭脂棍2根、扁针2根、大小刷子8把，可以应对梳发的每个步骤。

# 刀上生花——剪纸

由于材料易得，用一把剪刀就能剪出世间万物，所以剪纸成为老百姓纳福迎春的重要装饰品，并迅速在各地流行了起来。

## 北朝的剪纸很对称

新疆吐鲁番古墓中出土的团花剪纸来自遥远的北朝（386—581年），它们的图案以植物和动物为主，并且左右完全对称，可见那时的人就能熟练地运用对称折叠手法来剪纸了。

## 隋朝的剪纸挂树上

隋炀帝在扬州的离宫中种满了奇花异卉，但每当冬季来临，他总是感慨万物凋零的景象十分凄凉。因此，他命令宫女们用彩棉纸剪出花朵和树叶悬挂在枝头上，再剪出朵朵荷花放在结冰的池塘中，希望以此来留住春夏之景。

对猴团花剪纸（北朝）

对马团花剪纸（北朝）

试一试，剪个"春"

## 唐朝的剪纸可报春

唐朝时，扬州的百姓有在立春日"剪纸报春"的习俗。人们将彩纸剪成花卉、春蝶等样式，"或悬于佳人之首，或缀于花下"，欣赏剪纸的同时迎接春天的到来。

## 宋朝的剪纸成行业

宋朝的纸种类繁多，剪纸艺术也随之发扬光大。除了用于装饰门窗外，剪纸还用在了刺绣工艺上。南宋时期，就有专业的剪纸人，走街串巷为刺绣行业提供剪纸花样，可以说是早期的设计师了。

团花纹剪纸（北朝）

## 年从画中来——年画

农历新年临近时,商贩们会行动起来,从天津杨柳青镇运出精美的年画,装点运河两岸百姓的家宅。杨柳青镇的年画可不一般,是以"半印半画"的方式制作的,号称"中国四大木版年画之冠"。在清朝繁盛时期,杨柳青镇上有画坊300多家,几乎"家家会点染,户户善丹青"。人们用运河水载来的南方宣纸和颜料,描画出历史风俗故事、经典戏曲人物、胖娃娃、俏美人……创作出的年画具有极高的艺术价值。

### 多人合作才能制出一幅木版年画

制作木版年画要经过构思、雕刻、印刷、上色等多个环节,每个环节都由专业的师傅负责,其中光是画人物的脸,就要经过足足20多道工序呢,怪不得年画中的人物如此栩栩如生。

**1. 勾线**

画师构思好画面后,要先在纸上起草稿,再用白描的方式在毛边纸或薄棉纸上勾画线稿。

**2. 刻线**

刻工将画稿反向贴于刨平的杜梨木板上,用刻刀剔去空白处,只留下线条,线版就刻好了。

**3. 着色**

画师用线版印出一张线稿,并用红、黄、绿、紫等多种颜料分出颜色区域。

**4. 刻色**

刻工再以此为样本,分别雕刻出每种颜色的色版。

**5. 印刷**

在线版上刷黑墨,铺上纸后,用"趟子"来回刷,就能印出线稿;之后再利用色版刷彩墨,重复上述动作,就能让颜色一层层叠加上去。

**6. 绘制**

最后,画师还要用手工彩绘的方式,勾勒出人物的发髻配饰、衣角褶皱和五官等细节,这样就得到一幅完整的年画啦!

杨柳青木版年画经典作品《连年有余》

## 皇家指定用砖——贡砖

明朝，为了修建皇家住所、祭天场地和墓葬地等，全国各地的优质建筑材料通过大运河源源不断地运入北京。其中，来自临清的贡砖和苏州的金砖脱颖而出，被皇帝钦定为御用建材。几百年来，这些砖不碱不蚀，守护着北京城的同时，也向我们展示着古人高超的烧制工艺。

**贡砖质量好，运输靠大家**

烧制临清贡砖的土就不一般，用的是被黄河水反复冲积形成的"莲花土"，用它烧成的砖坚硬致密、经久耐用。当时为了运输贡砖，每一艘驶向北京的船都得"义务捎带"。通常官船捎带 40 块，民船、商船捎带 20 块，如有损失，还要赔偿。

**价格不菲的金砖**

苏州金砖质地坚细，敲击时能发出金属般的声响。上百名经验丰富的御窑技工一年的金砖产量也不会超过 5000 块，换算下来，一块金砖的造价相当于一两黄金。所以即便是在皇城内，也只有在重要的"故宫三大殿"和定陵的地面才能看到它的身影。

# "运"来天下味

## 运河的精华——淮扬菜

大运河绵延千里，使沿途众多城市兴旺起来，这些人流汇聚之所诞生了许多独具特色的菜系，其中尤为出彩的，是以淮安和扬州为中心的地域性菜肴——淮扬菜。明清时期，"钱包鼓鼓"的盐商不惜花重金聘请私厨做菜，只为获得舌尖上的满足。于是这些来自全国各地的顶尖大厨争相融合创新，使淮扬菜具备了甜咸适中、南北皆宜的好风味，与鲁菜、川菜、粤菜并称为"中国四大菜系"。

### 风雅的"文人菜"

清朝时，文人对淮扬菜的推崇使这些美食沾上了一些文化气息。这些满腹墨水的文人留下了许多篇咏叹菜点、宴席、厨艺、食俗的诗歌。

### 过了时令的可不吃啊！

淮扬菜十分重视食材的时令性。老饕（tāo）们认为做醉蟹和风鸡得选用正月十五以前的食材，清明节后的刀鱼和端午节后的鲥鱼都称不上美味。正是这样严苛的要求，才让淮扬菜得到了"东南第一佳味，天下之至美"的美誉。

文思豆腐

大煮干丝

软兜长鱼

三套鸭

扒烧整猪头

钦工肉圆

蟹粉狮子头

## 这样的刀工你见过吗?

淮扬菜大厨的刀工堪称登峰造极，如果你想要成为一名高水准的淮扬菜大厨，先得掌握下面的"稳字诀"。

入门考验就是高举刀保持10分钟不动。

横端着刀在两个大缸之间运水，不能洒一点儿。

接着就是切比较脆的蔬菜，比如胡萝卜，要求将切出的丝沾水后撒出去一把，根根都能粘在墙上不滑落。

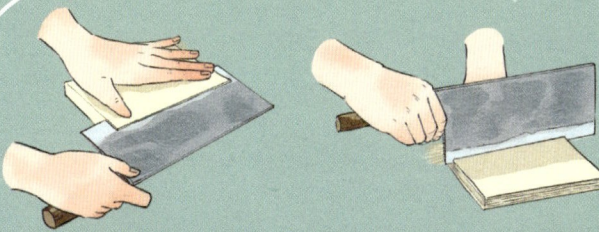 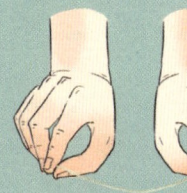

下面还得切有韧性的食材，比如将2厘米厚的豆腐干横着削成30片，然后将其切丝如发。关关闯过，最后才能上手切肉食呢。

## 北京烤鸭是"老北漂"?

提到北京的代表菜,许多人都会脱口而出"北京烤鸭"4个大字。实际上,这道美食流淌着南京的血液。传言朱元璋能"日食烤鸭一只",他的儿子朱棣"继承"了这个爱好,从南京迁都到北京时,不仅带上了"烤鸭秘方",还通过运河"打包"了许多擅长做烤鸭的大厨。最有趣的是,烤鸭的食材——北京鸭,也不是地道的"老北京",而是运河沿岸产的鸭子。漕船从南方运粮时,随船撒落的粮食成为鸭子的口粮,加上养殖户的精心培育,才有了皮薄肉嫩、无膻腥味的北京鸭。

### 北京烤鸭的两大流派

从明朝到清朝,北京烤鸭始终是人们的心头好。大厨们绞尽脑汁地改良烤鸭的做法,最终形成了以便宜坊为代表的焖炉烤鸭和以全聚德为代表的挂炉烤鸭两大流派。

创始于明永乐年间的便宜坊有着600多年的历史。它做焖炉烤鸭的特点是不见明火,只利用烤炉的余温把鸭子慢慢焖熟,做出的鸭子颜色枣红、鲜嫩不焦。

400多年后,清同治三年(1864年),大名鼎鼎的全聚德开业了。它由清宫御厨掌勺,改良制作挂炉烤鸭的方法,建造出超大的烤炉,一次能挂十几只鸭子,再用果木明火烘烤,让鸭皮沾上果木的芳香。这种烤鸭口感外脆里嫩,后来成为北京烤鸭的主流。

## 大家都爱吃烤鸭!

清朝人十分爱吃烤鸭。乾隆时期,每逢中秋佳节,御膳房都会准备焖炉烤鸭供帝王享用,官员之间也会以烤鸭作为赠礼。后来,制作烤鸭的方法流入民间,百姓纷纷以吃烤鸭为时髦。全聚德推出了一种"鸭票",只要持票就能上门提鸭。送礼者可以拿着喜庆的大红鸭票登门拜访,不用提着油汪汪的烤鸭走街过巷,十分文雅体面。

## 北京烤鸭怎么吃?

### 卷着吃
这是最常见的吃法,用荷叶饼卷起蘸了甜面酱的鸭肉、葱条和黄瓜条,豪迈地一口咬下吧!

### 蘸着吃
拿片好的鸭皮蘸白糖吃,这种吃法特别受小朋友欢迎。

### 夹烧饼
用空心芝麻烧饼夹鸭肉,芝麻香和鸭肉香混合在一起,味道极佳。

### 煮汤吃
去肉后剩下的鸭骨架可别扔,加上白菜和冬瓜煮汤,风味十分独特。

## 可以吃的"石头饼"

繁忙的漕运使许多船工常年在水上漂泊，如果有一种食物既美味又能填饱肚子，还便于储存，就再好不过了，于是枣庄石头大饼应运而生。这种"超级干粮"放一个月也不会受潮变质，吃起来依然香酥可口，在当时成为船工远航的必需品。

**美味竟由石头造**

鱼香肉丝里没有鱼，石头大饼里自然也没有石头，叫这个名字是因为烙制它的"秘密武器"是运河沿岸的鹅卵石。将鹅卵石烧得滚烫，刷上油后，将饼坯放上去烙制。鹅卵石散热慢，导热均匀，用它做出来的大饼两面金黄，轻轻一掰就酥脆得掉渣。

## 吸溜吸溜吃豆腐

在山东临清的运河边，热乎乎的托板豆腐是船工最心仪的早餐。商贩将豆腐切成小块，整齐地码在木托板上，船工趁热吃下，瞬间满口豆香。

临清人对托板豆腐还有一套自己的吃法。他们用手托住木托板两头，微微躬起身子，啜着嘴一吸溜，水嫩嫩的豆腐就"滑"进了肚里。

## 无意间发明的德州扒鸡

元末明初,德州城内的烧鸡生意非常红火。除了店铺经营,还有老人用挎篮将烧鸡带到运河码头边叫卖。船员们围坐在一起,喝酒吃鸡,谈天说地,十分放松。

清朝康熙年间,由于一场意外,城内的贾家烧鸡铺竟创造出一种风味更加独特的美食——扒鸡。据说那日掌柜有急事外出,嘱咐小伙计看好火候,哪知道小伙计却在锅灶前打瞌睡,一觉醒来发现煮过了火,歪打正着将烧鸡煮得皮酥肉烂、香味扑鼻。众人抢着购买,盛赞此鸡"热中一抖骨肉分,异香扑鼻竟袭人"。从此,扒鸡成为德州的美食名片,号称"天下第一鸡"。

## 运河边的"重量级"小吃

北方人本爱吃面,但随着元朝大运河的开通,南方来的大米竟让他们爱上了"干饭"的滋味。当时,山东济宁的人们热衷于用甏(bèng)肉配大米饭。这种咸香可口、油水十足又饱腹感强的"套饭",很快成为运河边备受欢迎的知名小吃。直到清朝,还有不少人走街串巷地卖甏肉呢。

### 好坛炖好肉

甏肉干饭的精华在于酥烂无比、肥而不腻的五花肉。人们选用口小腹大的陶瓷甏作为容器,加入五花肉和各种调料后,小火慢炖2个小时才能出锅。后来,人们将面筋、肉卷、鸡蛋等食材放进甏中,使这道美食更加有分量。

## 运河上的悠悠茶香

大运河不仅促进了南北的货物运输和文化交流,还为北方带去了江南的生活方式——饮茶。

随着南方茶叶和喝茶习俗的普及,北方的饮茶之风逐渐浓厚。清朝时临清当地人有一日三茶的习惯:早上起床第一件事就是烧水沏茶,称为"早茶";午饭后喝一杯茶,称为"除腻茶";晚饭后再沏一壶茶,称为"夜茶"。从南方飘来的缕缕茶香,不知不觉间已经浸透了北方人的生活。

### 清朝有名的贡茶

清朝宫廷所用的茶叶几乎都来自安徽、浙江、江苏、云南等南方省份,每年内务府会收到大量贡茶,包含碧螺春、龙井茶、茉莉花茶等几十种名茶。

### 洞庭碧螺春

传说最初人们觉得此茶香气太过霸道,能吓人一跳,所以叫它"吓煞人香"。后来康熙南巡时觉得此名不雅,于是根据它"色泽碧绿、卷曲如螺"的特点,改称它"碧螺春"。

### 西湖龙井茶

西湖龙井茶是否嫩,关键看采茶时机。清明前和谷雨前是最佳采摘时机,茶叶采得越早价格越高,故有"早采三天是宝,迟采三天变草"的说法。乾隆游览西湖时,不仅对龙井茶的馥(fù)郁香气赞不绝口,更将狮峰山胡公庙前的18棵茶树封为"御茶"。

## 花茶大家族

明朝人将茶坯和鲜花混合在一起,利用鲜花吐香、茶坯吸香的特性,制作出了花茶。对大多数北方人而言,香味浓郁的花茶更对胃口,因此明清两朝,南方产的花茶都通过运河大量地运往北方。

茉莉　桂花　玉兰花　百合　菊花　梅花　玫瑰　金盏花

### "天下第一香"——茉莉花茶

茉莉花早在宋朝就被用来熏制干茶了,这种茶既有花香又有茶香,喝一口满嘴清香,是北方的"明星茶"。据说慈禧太后对茉莉花情有独钟,不仅爱用白茉莉花做头饰,还爱喝茉莉花茶。

### 喝的就是那口"裕泰香"

北京的吴裕泰茶庄在清末最为出名,它严格遵循上午、阴天和雨后不采花的标准,经过八熏八烘,制作出的茶味道鲜美、价格公道,深受北京民众的喜爱。